W0292596

Dirección editorial:
Departamento de Literatura
Infantil y Juvenil

Dirección de arte:
Departamento de Imagen y Diseño GELV

Diseño de la colección:
Manuel Estrada

El 0,7 % de la venta de este libro se destina al Proyecto «Mejora del acceso a la Educación Secundaria de calidad en Ashalaja», que cofinancia la ONGD SED (Solidaridad, Educación, Desarrollo) como apoyo a procesos de desarrollo local en Ghana.

© Del texto: Mónica Rodríguez
© De las ilustraciones: Beatriz Martín
© De esta edición: Editorial Luis Vives, 2010
Carretera de Madrid, km. 315,700
50012 Zaragoza
Teléfono: 913 344 883
www.edelvives.es

Editado por Juan Nieto Marín

ISBN: 978-84-263-8047-0
Depósito legal: Z-158-2011

Talleres Gráficos Edelvives (50012 Zaragoza)
Certificados ISO 9001
Impreso en España

Reservados todos los derechos. Cualquier forma de reproducción, distribución, comunicación o transformación de esta obra solo puede ser realizada con la autorización de sus titulares, pública salvo excepción prevista por la ley. Diríjase a CEDRO (Centro Español de Derechos Reprográficos, www.cedro.org) si necesita fotocopiar o escanear algún fragmento de esta obra.

FICHA PARA BIBLIOTECAS

RODRÍGUEZ, Mónica (1969-)
La sombra del membrillero / Mónica Rodríguez ; ilustraciones, Beatriz Martín. – 1ª ed. – Zaragoza : Edelvives, 2011
131 p. : il. , 20 cm. – (Ala Delta. Serie verde ; 79)
ISBN 978-84-263-8047-0
1. Amistad. 2. Escritura. 3. Sueños. 4. Poesía. I. Martín Vidal, Beatriz (1973-), il. II. Título. III. Serie.
087.5:821.134.2-3"19"

EDELVIVES

ALA DELTA

La sombra del membrillero

Mónica Rodríguez

Ilustraciones
Beatriz Martín

Cuando vi el nombre impreso en la portada del libro sentí que algo me tiraba hacia dentro, que alguien movía los hilos de mi corazón. Cerré los ojos porque me llegaba el golpe de viento de los membrillos y el zumbido de las moscas y las risas de los niños. Oí la tromba de voz del tío Nicolae, sus cuentos de hojas rojas y la libreta de espiral donde la mano de Lucas hacía malabares, apretando mucho la punta entre las hojas y la cabeza demasiado cerca: «Te vas a quedar ciego». «Ciego y todo escribo». La risa rodando por aquella hoja por donde también caían las palabras.

Los pies descalzos de Lucas.

Sus ojos verdes, como la semilla de los alcaparros.

El polvo del camino. O nuestras manos juntas.

Volví a posar los ojos en el libro, incrédula. Allí estaba. Mis manos rozaron el papel. Las yemas recorrieron las letras y mi memoria cayó rendida ante la evidencia.

Sentí que lloraba. Seguí llorando cuando pagué el libro a la cajera y más tarde en el autobús. Lloré sobre la acera de camino a casa y en el portal y cuando buscaba las llaves y también dentro. No me importaba sentirme ridícula llorando.

En el ascensor ya había dejado de llorar, pero hipaba y los suspiros parecían quitarme de golpe la vida.

Hacía años que no lloraba. Y, sin embargo, era tan feliz...

Por eso antes de decidir abrir su portada, pensé en escribirlo todo. En volver a repasar aquellos días de mi infancia y descubrir si habían sido reales o yo misma los había ido inventando con el transcurrir de los años. Si aquello podía ser cierto y la vida a veces nos regala finales de cuento.

Un final para Lucas. O un principio.

Encendí el ordenador... la hoja en blanco sobre la pantalla. Mis dedos se movieron ágiles sobre el teclado.

Escribí...

1

Lucas y Nadia se conocen

El día que Nadia conoció a Lucas la niña iba a reventar de tanto secreto. Tal vez por eso acabaron siendo amigos.

Nadia corría entre los alcaparros. Tenía que cruzar aquel terreno llano, con las matas tendidas y espinosas, para llegar a su casa. El polvo del camino volaba entre sus pies.

—¡Alto!

Un niño desastrado, de mirada fiera, le salió al encuentro. Tenía los pies descalzos y los ojos revueltos y verdes. De un verde oscuro, como de hoja.

Nadia frenó en seco.

—¿Dónde vas? —preguntó el niño.

—A ti no te importa.

—¡Claro que me importa! No puedes cruzar este atajo sin pagar un impuesto.

Nadia le retó con los ojos. Los suyos eran marrones, color polilla. Su aleteo se hundió en las pupilas del niño.

—Pues no tengo nada. Y si no me dejas pasar, te las verás conmigo.

Levantó el brazo enseñando sus músculos. El sol, sobre sus cabezas, picaba.

—¿Eres la niña que vive allí?

El muchacho señaló con un dedo sucio la casa de Nadia. En el patio había una higuera y un gigante.

Nadia, al ver al tío Nicolae a lo lejos, sonrió. Hacía unos meses que había llegado a la casa y todo era diferente desde entonces. Sin querer, afirmó con la cabeza.

—Entonces, ¿eres la hermana del niño tonto?

Nadia sintió que la envolvían en una manta oscura y sucia. Saltó como un tigre sobre su presa.

El muchacho recibió el asalto con sorpresa. Rodaron por el suelo. Nadia se clavó varias espinas de los alcaparros y el niño también. Tenían las rodillas rasguñadas y respiraban muy fuerte, sentados en el suelo, a unos palmos el uno del otro.

Nadia se separó los flecos negros del pelo soplando.

—No es tonto —dijo con rabia—. Es que tiene su ritmo.

Eso le había dicho el tío Nicolae. Su hermano Dan no era tonto. Tenía simplemente otro ritmo. Por eso se hacía pis por las noches todavía, aunque fuera mayor que ella. Por eso no era capaz de expresarse como los demás o le caía la baba por la boca como un reguero de caracol. Tenía su ritmo y sus palabras.

La niña se levantó.

—¡Y ahora me voy! Ya te he dado algo: ¡un golpe!

El niño corrió detrás de ella. Le tiró de la mano.

—¡Lo siento! —dijo.

Y sus ojos la envolvieron. Eran tan verdes que Nadia creyó que olían a bosque.

Lo volvió a ver más tarde. Nadia se había colgado de la higuera que había delante del desván, donde dormía su tío. El tío Nicolae era tan grande que Nadia lo llamaba el gigante. Dormía en mitad del desván en un colchón ancho y azul como un océano, o un charco; una isla de agua en medio del desván. Sobre ella caían las

sombras de las sandías y los membrillos puestos a secar en los rieles del techo.

Desde allí arriba lo vio. Se agachaba sobre los alcaparros del camino. El niño parecía buscar algo. Miraba hacia los lados con la mano de visera. Se agachaba y se levantaba. De pronto, de un salto, se coló en su jardín. Ellos tenían cerca de la valla algunos alcaparros. El niño fregó el arbusto con las manos como despiojándolo. Nadia se bajó del árbol y fue hacia allí.

—¡Aún no es la época! —dijo, chupeteando un trozo de sandía que había robado del desván.

El niño la miró.

—¡Ya lo sé!

Su mirada se detuvo en la sandía.

—¿Quieres un poco?

Nadia le tendió la cáscara verde y él la tomó con avidez.

—Además, es mejor recoger las alcaparras al amanecer. Por el calor.

De la sandía ya no quedaba nada salvo la cáscara verde y limada cuando el niño levantó los ojos para mirarla.

—¡Y qué importa!

—Claro que importa.

—¡Qué sabrás tú!

—Yo sé muchas cosas.

El niño se rio. Ella torció el morro, pero dijo:

—Si quieres te enseño a recoger alcaparras.

—No necesito que me enseñen. Yo sé muchas más cosas que tú.

Nadia se puso colorada de rabia.

—Pero seguro que no sabes tantos secretos como yo.

El sol les caía de frente y el muchacho guiñó los ojos.

—¿Qué secretos?

—Secretos.

—Está bien —dijo ofreciéndole su mano—. Me llamo Lucas.

La niña tendió la suya.

—Está bien. Me llamo Nadia.

Al juntar sus manos, se fijó en el moratón que tenía el niño en el brazo.

—Siento los golpes que te di —dijo.

Lucas bajó la cabeza.

—Esto no has sido tú.

—¿Quién fue?

—Nadie.

Los ojos se encontraron un segundo. Después sus vistas bajaron hasta las manos, seguían juntas.

Puedo sentir el tacto de la mano de Lucas aquella primera vez. Los dedos se nos quedaron pegajosos del jugo de la sandía. Yo después me los metí en la boca, algo que horrorizaría a las autoridades sanitarias actuales. Chupeteé los dedos mientras estudiaba a mi nuevo amigo. ¿Era alguien adecuado para confesar mis secretos? ¿Eran mis secretos reales o simplemente los inventaba para escapar de mi propia, triste y desamparada realidad?

Confieso que me gustaron sus ojos y sus pies descalzos, huesudos.

Confieso que nos reímos entonces sin saber por qué y nos lanzamos al suelo y charlamos como si nos conociéramos desde hacía mucho, como si fuera fácil hacerse amigos.

En realidad yo no tenía ningún amigo. No jugaba con mis compañeros de colegio. No tenía tiempo, debía ayudar a mi madre con Dan y la casa y la costura y la recogida de alcaparros o la hervida de los membrillos. Tenía que poner los pimientos a secar, colgar la ropa en el patio, comprar el vinagre o la canela, subir las sandías al desván... Supongo que además no quería que se rieran de mí por culpa de mi hermano Dan. Me avergonzaba de él, aunque me cueste confesarlo. La llegada del tío Nicolae me había hecho ver las cosas de otra manera. Mi hermano tenía otro ritmo y eso no era malo. Además, el tío ayudaba a mi madre Azucena, así que yo dispo-

nía de mi tiempo libre como nunca lo había tenido.

Al gigante le debo mucho: ser como soy, haber llegado hasta aquí. Estudiar a pesar de todo, ser correctora de día y cuentacuentos de noche. Creer en mí. En los demás.

O mi amistad con Lucas.

Esa amistad que se fue abriendo poco a poco como una flor rara y secreta.

Hermosa.

Esa amistad que después la vida arrancó de cuajo.

Esa que vuelve ahora, que resurge y crece en el poder de la palabras.

Lucas siempre confió en las palabras, aunque no supiese escribir.

Miro la pantalla del ordenador. Releo, agito de nuevo los dedos y los recuerdos.

2

LUCAS Y NADIA SE INVENTAN EL MAR

Nadia estaba sentada bajo la sombra de la higuera. Escuchaba el trastear de Azucena con Dan dentro de la casa. A pesar de todo, su hermano era el elegido y su madre pasaba muchas horas con él. Nadia quedaba fuera de ese círculo: Azucena-Dan. Sola.

Miró hacia el horizonte. Un trozo de mar se adivinaba tras el terreno que rodaba por la vista. Polvo y algunos arbustos.

Con un palo escribió: «mar». Hincó mucho la corteza haciendo una marca profunda en la tierra.

Después vio los pies descalzos, huesudos, y la tolvanera del cuerpo cayendo frente a ella.

—¿Qué haces?

El polvo que levantó flotaba aún entre ellos. Lucas miró las señales que había hecho Nadia en la tierra.

—¿Qué pone?

La niña le miró a los ojos. No estaba de buen humor.

—Léelo.

Lucas se quedó un buen rato mirando, pero no dijo nada.

El sol nublaba la vista, ardía en las fronteras del terreno. El sonido de Azucena y Dan llegó hasta ellos. Nadia frunció la frente.

—¿Qué pone? —insistió Lucas.

—¿Es que no sabes leer? —se burló la niña.

Lucas emborronó el «mar» con las manos. Lo llenó todo de polvo. Se levantó y se fue. Desapareció detrás de los alcaparros y más atrás aún con su figura oscura y escurrida, como de lobo.

Nadia se levantó. Miró hacia la casa, miró el camino. Volvió a mirar hacia la casa. Después echó a correr detrás de Lucas.

En la ventana del desván, la sombra del tío Nicolae se movió.

—¿No sabes leer?

El niño negó con la cabeza. Estaba sentado a los pies de una chumbera. La sombra de Nadia le rayaba el rostro.

—¿No vas a la escuela?

Lucas volvió a agitar la cabeza.

—Bueno —dijo la niña desplomándose a su lado—, no te pierdes nada. Es un rollo.

Una ráfaga de viento agitó una espiral de polvo, rodó entre ellos. Nadia manoteó para espantarla.

—Y tu padre, ¿qué dice?

—¿Mi padre? —el niño arrugó la nariz—. A mi padre qué le importa.

—¿Y tu madre?

Lucas se encogió de hombros.

El silencio revoloteó entre ellos como un tábano.

Nadia se levantó, arrancó una espina grande y se volvió a sentar. Escribió en el suelo con su punta: «Lucas».

—Es fácil —dijo—. Si quieres, yo te enseño.

Lo primero que aprendió a escribir Lucas fue «mar», como si esa palabra se le hubiera quedado atragantada desde el primer día que la vio escrita en el jardín de Nadia. Los niños levantaron los rostros y miraron hacia aquella franja azul, descolorida, que restallaba en el horizonte por detrás del sol. El mismo sol la borraba y la alzaba. Nadia y Lucas se inventaban cómo sería el mar.

—Hace ruido. Un ruido de trenes —dijo Lucas—. Como una cremallera.

Nadia se rio.

—Un ruido de chincheta —añadió el niño.

Lucas juntaba las palabras de una manera inesperada. Sus imágenes hacían reír a Nadia.

—¿Y a qué sabe?

Lucas se quedó pensando. Giró la boca y puso la mano en la barbilla.

—Mmm… ¡a regaliz! ¡Y a dulce de membrillo!

Después, apretando con mucha fuerza la espina de la chumbera entre los dedos, Lucas escribió en la tierra: «ram». «Mar» al revés.

—Con un espejo, veremos el mar —dijo Lucas.

Y era verdad, con un espejo «ram» se convertía en «mar».

Nadia siguió con las clases.

—Mira, si le pones otra «a» al final, será «rama» —dijo.

Lucas escribió la «a», muy despacio, agachando la cabeza y sacando la punta de la lengua: «rama».

Cuando terminó, guardó silencio mucho rato contemplando su obra. La sombra de la chumbera oscurecía las letras. Miró hacia el horizonte apretando un poco sus ojos verdes. Luego los soltó por el campo hasta alcanzar a Nadia.

—Ahora léelo al revés —dijo.

Y se sonrojó.

«Rama».

3

LUCAS Y NADIA CREEN EN LOS ÁRBOLES ROJOS

Nadia conducía a Lucas de la mano. La oscuridad se colgaba de todas las cosas, tachándolas. El hueso oscuro del árbol destacaba frente a la casa. La niña miró a Lucas y puso un dedo en los labios.

—¿Y tu madre? —preguntó el niño en voz baja.

—Es un secreto.

—¿Un secreto?

—Sí, se va con el hombre algunas noches. Ella cree que no me entero.

—¿Qué hombre?

—El de las alas sucias.

Lucas arrugó el rostro con extrañeza.

—Da igual —dijo Nadia—. Es que suda mucho y tiene algunas manchas debajo de los brazos.

El niño puso cara de asco y los dos tuvieron que hacer grandes esfuerzos para no reírse.

Nadia le hizo gestos para que le siguiera. Se subió al árbol y agitó la mano.

—¡Ven!

Lucas escaló por la higuera y se puso a su lado.

—¡Allí! ¿Lo ves?

Por la ventana del desván, Lucas pudo ver al gigante. Estaba sentado en la cama. En una esquina, entre las sábanas, se acurrucaba Dan. Aún había sandías colgadas del techo y sus sombras goteaban la estancia. El tío Nicolae había encendido una vela. En el desván no había electricidad. La llama lanzaba su sombra de fuego, movía la casa como si fuera a echar a volar en la noche.

Nadia volvió a poner el dedo en los labios.

—Sssh. ¡Escucha! Va a empezar.

El olor a membrillos les alcanzaba. Había luna, pero era menguada y escurrida, como un trozo de jabón.

Sentían el latir de sus huesos, la rama bajo los pies, la noche en sus venas. Muy juntos.

Y la voz del tío Nicolae.

—El blanco alcanzaba cualquier esquina del mundo. Bajo sus pies, el hielo; hasta donde rendían las manos y los ojos, el hielo. Incluso el horizonte era de hielo. Allí vivía Itsindi.

Movía sus manos como árboles gigantes llevados por el viento. El viento de sus palabras.

Lucas miró a Nadia y sonrió. Escucharon expectantes.

El cuento que el tío Nicolae le contaba a Dan les llegaba como el correr de un río.

—Itsindi vivía con los suyos en un poblado de iglúes tan blancos como el suelo que pisaban, como el cielo que tenían sobre las cabezas. Todo era *mauja*, nieve profunda, y *massat*, nieve blanda.

La luz de la vela agitaba el alquitrán de la noche.

—Itsindi y su mujer Shialuk emprendieron un viaje hacia los confines de aquella tierra blanca. Allí encontraron un árbol asombroso: *aukaneck*. Rojo: un árbol de hojas rojas. Tomaron una rama y la llevaron al pueblo, pero cuando llegaron no

quedaba ninguna hoja. Solo el palo seco y oscuro. Nadie les creyó y les llamaron mentirosos. Itsindi y Sialuk tuvieron que alejarse del poblado. Allí Sialuk dio a luz a una niña: Shila. Cuando murieron solo le dejaron en herencia aquella vara y la miseria de un iglú derritiéndose. Shila creció y decidió emprender un viaje como sus padres en busca del árbol rojo, *aukaneck*, que les devolviera su honor. Pero no lo encontró. Cuando regresó, vio a la gente del pueblo arremolinada alrededor de su iglú. Allí, en medio de la miseria y el hielo fundido, había crecido, de la antigua vara, un hermoso árbol de hojas rojas.

Cuando la voz del tío Nicolae se apagó, Lucas y Nadia tenían sus manos unidas. Las soltaron de golpe. Después miraron al suelo. Sus sombras, entrelazadas a las ramas de la higuera, apenas se distinguían en la oscuridad de la noche.

—Algún día —susurró Lucas—, veremos el árbol rojo.

La niña asintió. Cerró los ojos y vio la figura de un árbol partir la miseria donde Lucas vivía. Alto como un gigante. Rojo como su deseo. Después abrió los ojos.

Nadia saltó de la higuera, sigilosa. Detrás Lucas.

Los niños se dijeron adiós con la mano.

Nadia subió por la ventana hasta alcanzar la cama que compartía con Azucena.

La sombra de Lucas se perdió en la noche.

4

Lucas y Nadia escriben sobre la nieve

El gigante apareció sacudiendo las botas y la barba como un pirata recién salido del mar. Tenía motas blancas en la barba que iban desapareciendo. También en el pelo.

—¿Qué tienes ahí? —preguntó Nadia—. ¿En la barba?

Pero ya no había nada. Solo agua. El tío Nicolae abrió su boca de dragón y se rio.

—¡Está nevando! —anunció.

—¿Nevando? —preguntó Nadia incrédula.

Se levantó como un torbellino y fue hacia la puerta.

Nevaba, sí. Copos blancos como flores de membrillos. Caían del cielo hasta alcanzar la tierra, suavemente, de puntillas, y desaparecían luego, dejando una marca de agua sobre el polvo del camino, sin ruido.

Lo que más sorprendió a Nadia fue eso: el silencio.

Nunca había visto nevar. Záfira era un lugar desértico donde el sol incendiaba la tierra. En invierno podía hacer frío, pero jamás nevaba.

Salió al jardín y empezó a dar vueltas. Sentía los copos agarrarse a su cabeza y desaparecer. No hacían daño. Eran mullidos y fríos.

Miró al cielo y abrió la boca para tragarse los que caían sobre ella. Con el rabillo del ojo vio a Azucena apoyada en la puerta con los brazos cruzados y una sonrisa detenida en el rostro. Dan estaba a su lado, agarrado a sus piernas, mirando con la boca abierta aquel asombroso escenario: nieve sobre la tierra seca y una niña tragando los copos. Detrás, la sombra del gigante y su risa grande como la guarida de un oso.

Nadia saboreó la gota de frío que cayó en su boca. Se acercó corriendo a Dan y le arrastró del brazo.

—¡Vamos, Dan, cómelas! Están buenísimas.

Abrió la boca mientras giraba con Dan agarrando sus manos. Esta vez su hermano no se revolvió, ni gritó, ni escapó de las manos de Nadia. Porque Dan no dejaba nunca que Nadia le tocara. Pero esta vez voló a su lado con la boca hueca y los ojos azules, muy abiertos, mirando el cielo.

Azucena de pronto saltó del quicio de la puerta y fue hacia Nadia.

—¡Pero estás loca! ¿No ves que está descalzo?

Arrancó al niño de sus manos. Dan parecía resistirse, pero Azucena consiguió arrebatárselo y abofetear a la niña.

En el suelo, las pisadas de los pies descalzos de Dan. En el aire, los gritos de Azucena, el sonido de metal de su bofetada.

Nadia sentía la mejilla palpitar, toda la sangre ahí, arremolinada en su mejilla, en la injusticia de su mejilla roja. Ella solo quería que Dan se riera y a él le estaba gustando. Era una de las pocas veces que se había dejado tocar por ella, que jugaban juntos. Y no, no se había fijado en sus pies descalzos, solo quería que Dan se riera y…

—¿Quieres entrar? —le gritó Azucena.

Pero la niña no quería. Echó a correr hacia la chumbera donde enseñaba a Lucas a escribir.

Azucena corrió tras ella, enfadada. El gigante la detuvo.

—Déjala —dijo—. Ya volverá.

La nieve empezaba a cubrir el suelo arenoso. Cerca de la chumbera estaba Lucas mirando asombrado el paisaje. Nadia llegó corriendo. Le dio una patada a la chumbera.

—¿No te gusta la nieve? —se rio Lucas.

La niña hizo un gesto agrio con la cara y subió los hombros. Miró los pies de Lucas. Llevaba unas botas desastradas.

—Parece que todo va a desaparecer bajo la nieve —dijo Lucas.

Cogió un pequeño puñado y se lo lanzó a Nadia.

—¡Idiota! —gritó la niña.

Se miraron retándose y, de pronto, los dos comenzaron a tirarse bolas de nieve hasta que acabaron empapados y cansados. Se lanzaron al suelo, las espaldas contra la nieve. El frío se les colaba por la nuca, por las muñecas, por la cintura. El cielo les caía en los ojos lleno de motas blancas, como pelusas, dientes de león revueltos e inflados de viento.

—Maraña —dijo Lucas.

—Araña —dijo Nadia.

—Tela —dijo Lucas.

—Trampa —dijo Nadia.

Después guardaron silencio.

—¿Sabes? —añadió Lucas levantándose de golpe—. La nieve parece una hoja gigante. Una página.

La niña miró alrededor. Un solitario membrillero destacaba en la llanura. El silencio de la nieve los envolvía. De pronto, se sintió en paz.

—Me alegro de que estuvieras aquí —dijo Nadia.

Lucas sonrió.

—Hagamos un pacto —propuso—. ¡Este será nuestro lugar secreto! Cuando queramos vernos, solo hay que venir aquí.

A Nadia le gustó la idea. Miró alrededor.

—Mejor ahí —señaló—. Debajo de aquel membrillero. En verano nos dará sombra.

El árbol era aún muy joven. Sacudía solitario sus ramas como huesos, abriendo agujeros de sombra sobre la nieve. Lucas aceptó.

—¡Hay que firmarlo! —dijo Nadia—. Los pactos se firman.

Cogió un pincho de la chumbera y fue hacia aquel árbol escuálido que crecía silvestre y suelto de la tierra seca. Escribió:

«Este es nuestro lugar secreto». Después su nombre: «Nadia».

Lo escribió sobre la nieve, debajo de la ancha huella de sus cuerpos y la sombra del membrillero.

Los agujeros de las letras eran grandes y sobre ellos caía más nieve.

—Vamos, rápido —dijo la niña—. Escribe tu nombre.

El niño escribió «Lucas».

Los dos se quedaron mirando las letras. La nieve las fue cubriendo hasta hacerlas desaparecer.

Hasta ahora Nadia no se había fijado pero Lucas tenía una mejilla renegrida.

Un pacto firmado en la nieve del que ya no queda nada.

Los restos de aquellas palabras cubiertas por los copos se deshicieron en la mañana. «Lucas» convertido en vapor de agua; «Nadia» líquida, hundida en la tierra, filtrándose hacia sus raíces.

Pero entonces el pacto era firme y estaba allí a pesar de que se fundió la nieve. A pesar de que no volvió a nevar nunca sobre Záfira o tal vez por ello.

Lucas y yo sabíamos que allí nos encontraríamos cuando nos hiciera falta. Bajo la sombra de aquel membrillero seguí enseñándole a escribir. Él me enseñó, sin embargo, el verdadero significado de las palabras.

Pienso ahora en ello y entiendo que no podía haber otro final, que todo conducía a este momento en que sostengo el libro entre mis manos. Ahora que escribo sobre mi infancia y recuerdo que aquellos fueron los días más felices de mi vida.

Con Lucas huía de la tristeza de Azucena, de las tareas que me correspondían y que hacía el tío Nicolae, huía de la boca abierta y los ojos perdidos de mi hermano. Aquel hermano que me arrebató a mi madre. Entonces no lo entendía. Todo me parecía injusto. Ahora, sin embargo, entiendo a Azucena. Las madres siempre quieren más a los hijos enfermos, a los débiles... Yo haría lo mismo, lo sé. La hija pequeña y sana tenía, al fin y al cabo, mecanismos, defensas para sobrevivir.

Tenía a Lucas.

Y al tío Nicolae.

Después tuvimos la libreta.

Y nuestros sueños.

Dan ni siquiera podía soñar.

Ahora sé que también para Lucas nuestros encuentros eran una huida, una huida de algo que me ocultaba y que yo a ratos percibía en aquellos moratones que aparecían bajo su camisa, en aquellas botas desastradas sobre la nieve, en el abandono de sus ojos a algún recuerdo inesperado que le hacía, de pronto, inalcanzable…

Nosotros éramos pobres, Lucas era miserable. A veces, muchas veces, parecía temblar. Él nunca hablaba de ello y yo respetaba su silencio. Tal vez simplemente no quería saber, mi intuición me decía que era demasiado doloroso.

Siento que de nuevo lloro y recuerdo la mano de Lucas apretando la mía, los pies desprotegidos y la mirada del gigante Nicolae cayendo sobre nosotros… Su regalo, luego.

Su secreto.

5

Lucas y Nadia hacen un regalo

El gigante Nicolae subió por las escaleras retorciéndolas a su paso. A Nadia le recordaban un acordeón. Le parecía que soltaban una nota triste. Aguda, como un maullido. Arriba le esperaba Dan arrebujado entre las sábanas.

Nadia esperó. Después saltó por la ventana y subió a la higuera del patio. Allí estaba Lucas aguardándola. Pero aquel día el tío Nicolae no contó un cuento. Asomó a los cristales su sombra agigantada por la luz de la vela y los niños se agazaparon entre las ramas para no ser vistos.

Tenía una carta entre las manos. La barba hondeaba bajo la lumbre y los ojos, en la sombra, se fueron aguando. Los niños no se atrevían ni a respirar. Por un momento sintieron el pudor de estar viendo algo íntimo, algo que no les correspondía. Se sintieron ladrones.

La imagen era aterradora: un gigante llorando.

—¿Por qué llora? —preguntó Lucas.

—Es por su secreto —dijo Nadia—. Tiene un árbol diminuto, un bonsái mágico que le prometió cuidar a la mujer de la carta. Pero el árbol se seca.

—¿Y qué dice la carta?

La niña se encogió de hombros.

—No sé. Tal vez que ya no le espera más o que quiere a otro hombre. O que si el árbol mágico se seca, ella morirá.

—Qué triste.

—Sí.

Los niños volvieron a mirar las sombras movedizas del gigante. Sintieron sus corazones encogerse y ya no pudieron hablar más.

Cuando el gigante se perdió en las tinieblas del desván, Lucas dijo:

—Ese hombre necesita un árbol rojo.

Y Nadia estuvo de acuerdo.

El sol de Záfira caía vertical sobre la tierra, componiendo una sombra escuálida del solitario membrillero. Bajo aquella raya de sombra, Nadia esperaba impaciente. Debería estar en el colegio, pero no había ido.

Lucas apareció arrastrando un bote entre el polvo del camino.

—Aquí está todo —dijo.

La niña miró el bote y asintió. Después sacó unas monedas y se las dio a Lucas.

Lucas sonrió. Se le había caído un diente de arriba y estaba muy feo. También tenía un redondel violáceo alrededor del ojo.

—¿Y eso?

—El precio de la pintura, no es nada. Nos vemos luego. Aquí, en el membrillero.

La niña asintió antes de alejarse remolcando el bote por la tierra. Vio alejarse a Lucas y le pareció un animal asustadizo, escapando tierra adentro.

A esa hora, Azucena repartía las prendas de costura. Se iba con Dan de casa en casa. El tío Nicolae tampoco estaba. Salía a vender las alcaparras, el dulce de membrillo o las sandías. A Nadia le encantaba verlo alejarse con la carretilla llena de los frutos verdes y rojos, y su voz grande esparcida por la comarca: «¡Sandías, jugosas sandías!».

Así que Nadia subió al desván con el bote y allí cogió una silla y la colocó contra la pared. Lo preparó todo y se subió. Después metió el pincel en el bote y comenzó a pintar sobre la pared del desván un hermoso árbol rojo.

El regalo para el tío Nicolae.

Nadia escuchó un ruido y se sobresaltó. Dejó su trabajo y miró hacia la ventana. Allí, detrás de los cristales, colgado de la higuera, como ella había estado muchas noches, vio un rostro. Por un momento pensó que podía ser Lucas, pero enseguida reconoció los ojos azules y la boca entreabierta de su hermano. ¿Qué hacía Dan allí? ¿Ya habían vuelto?

—¡Largo! —bufó la niña—. ¡Como digas una palabra, te mato!

Salió apresurada del desván, limpiándose las manos en el peto. Los ojos sorprendidos de su hermano se le grabaron en la retina y los retuvo mientras comenzaba el descenso por la escalera. El ruido del golpe la alcanzó en el tercer escalón y sintió su columna erizarse. Echó a correr. Cuando llegó abajo, su madre ya estaba fuera. El cuerpo le empezó a temblar. Dan estaba en el suelo con los ojos fijos contra el cielo. Tenía la misma mirada que ella había visto hacía apenas un minuto. Pero había algo diferente, estaba extrañamente inmóvil.

Nadia se miró las manos: no podían parar de temblar; llevaban restos de pintura roja.

Mis manos tiemblan como entonces. Tengo que dejar de escribir. Pensé en no contar esta parte. Solo quería limitarme a escribir sobre Lucas y yo, sobre nuestra amistad, pero los dedos han ido solos y han arrojado de nuevo la culpa, la ira, la tristeza que se abatió sobre mí. Al fin y al cabo, fueron parte de aquellos días. A veces me veo empujando a Dan, como si hubiese sido yo quien le tiraba del árbol, con aquel deseo oculto tan-

tos años atrás de que desapareciera de nuestras vidas.

Culpable. Soy culpable. Aunque no le haya empujado. Aunque su muerte, un año después, nada tuviera que ver conmigo.

Dan y Azucena estuvieron muchos días en el hospital. Yo estaba castigada, pero era el tío Nicolae quien me cuidaba y dejaba que Lucas entrara en mi vida, como una bocanada de aire fresco, como un ventarrón de otoño que agitara todas las hojas secas que crujían bajo los pies de mi desdicha.

Una bocanada de vida.

Al tío Nicolae le gustó el árbol rojo pintado en la pared del desván.

6

Lucas y Nadia descubren un nuevo país

—¿Quién es este muchacho? —preguntó el tío Nicolae.

—Es Lucas. Mi amigo.

Nadia sonrió y el gigante pensó que solo la había visto sonreír así dos veces: el día que llegó y le regaló una flor y ahora. Miraba a Lucas con orgullo. Era más alto que ella, pero estaba flaco y desaliñado. No llevaba zapatos y mostraba unos pies huesudos y sucios. Al tío Nicolae le dio tal sensación de desamparo que le cayó bien de inmediato.

—Bueno —dijo—, hasta que vengan tu madre y Dan del hospital, Lucas puede quedarse con nosotros.

Lucas sonrió. Apretó sus ojos verdes contra el gigante y se encogió de hombros.

Nadia dijo:

—¡Le he enseñado a leer!

El tío Nicolae levantó las cejas, con sorpresa.

—Y me ha ayudado con el árbol del desván.

Lucas se sonrojó. El gigante palmoteó encantado.

—Eso está muy bien. ¡Es el mejor regalo que me han hecho!

Después guardó silencio como pensando y al fin se adentró en la casa.

Los niños se sentaron bajo la higuera.

—¿Jugamos al ahorcado?

—Vale.

El tío Nicolae se asomó a la ventana del desván.

—¡Chicos! —gritó descolgándose. Desde abajo veían agitarse su barba—. Subid. Tengo algo para vosotros...

Guardó silencio. Su voz les caía como hojas de árboles.

—... un regalo.

Lucas y Nadia se levantaron de un salto. Cuando llegaron al desván jadeaban.

—¿Qué es? —preguntó Nadia lanzándose al colchón.

El niño se sentó también sobre la cama. El gigante se acercó y les tendió su regalo: rectangular, blanco, inexplorado, con una anilla amarrando las hojas...

—¡Un cuaderno!

El tío Nicolae asintió.

—Para que escribáis vuestros secretos.

Después les lanzó un bolígrafo.

Lucas y Nadia se sentaron bajo el agujero de sombra del membrillero. La niña sostenía la libreta y el bolígrafo y ambos se pusieron a pensar.

—Pon que de mayor me iré muy lejos.

—¿Y qué vas a hacer?

Lucas se encogió de hombros.

—Pues... seré conductor de tren. Para irme muy lejos.

—Y yo también. Contigo.

—¿En el tren?

—Sí, en el tren.

Nadia escribió muy despacio en la libreta: «Lucas y Nadia viajan en tren».

—Podemos llegar a un país lejano que será nuestro secreto.

A Lucas le pareció muy buena idea.

—¿Nos inventamos un nombre de un país?

Los dos permanecieron en silencio pensando. Nadia miró el cielo a través de las ramas del membrillero. Cerró los ojos y en los párpados flotaron sombras anaranjadas. Sintió el sol calentar uno de sus ojos a través de un hueco de luz.

—Aukaneck —dijo.

Lucas le miró interrogante.

—Ese será el nombre: Aukaneck. Y tendrá mar.

Los dos miraron la franja azul que se desteñía en el horizonte.

—Y siempre será fiesta.

—Y no habrá mayores.

—Bueno, el tío Nicolae, sí.

—Bueno, el tío Nicolae, sí.

Un silencio.

—Aukaneck —dijo Lucas muy despacio—. Me gusta. Podíamos llamar también a la libreta como a nuestro país.

Los dos estuvieron de acuerdo y Nadia pintó el nombre en la tapa de la libreta. Después escribió su nombre y se lo pasó

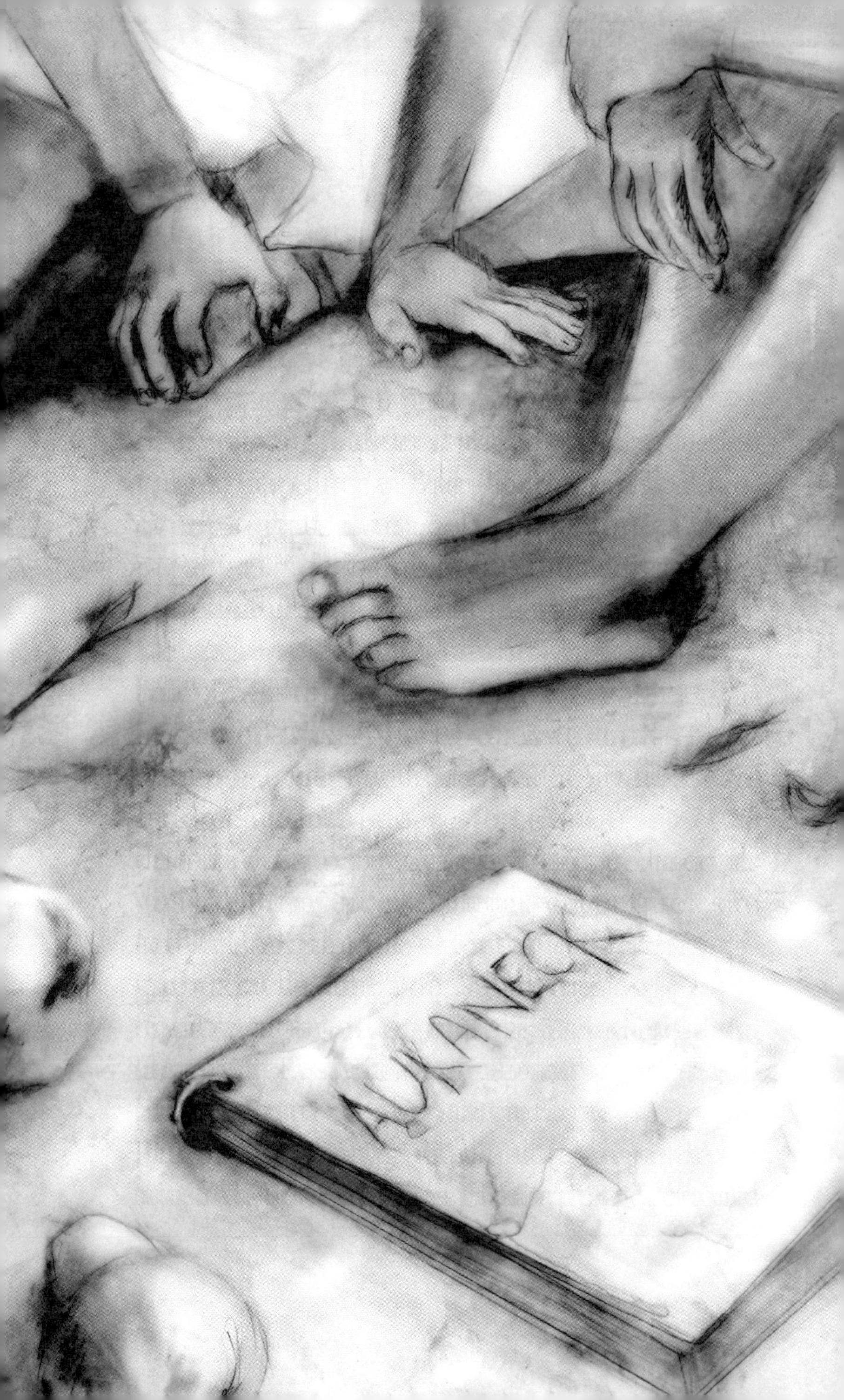
ALKANECK

a Lucas. Él también escribió el suyo, con letras grandes e irregulares.

Los dos miraron un buen rato la libreta en silencio. Aquellas letras cerraban un pacto. O un sueño. Cerraban el secreto entre ellos: Aukaneck.

—¿Y si la enterramos? —dijo Lucas.

—Sí, aquí, bajo la sombra del membrillero. Como un tesoro.

—Eso, como un tesoro.

7

Lucas y Nadia escriben en el cuaderno

Lucas escribía con la cabeza muy cerca del cuaderno.

—¿Qué has puesto?

—Una cosa —dijo Lucas.

—Déjame verla.

Pero Lucas retiró la libreta de su alcance.

—Déjame verla —insistió Nadia.

Lucas se puso de pie y meneó la libreta en el aire. Nadia intentó agarrarla, pero el niño la esquivó.

—Tendrás que cogerla —gritó, alejándose por la polvareda del camino.

Nadia le siguió. Era muy rápida, pero Lucas corría en zigzag y conseguía sortearla. Al fin, Lucas se dejó coger. Nadia sintió el palpitar del niño entre las manos, su verde hoja riéndose, las cabezas muy juntas. Tiró de la libreta.

—¡Ya es mía! —dijo triunfante.

Abrió la libreta y leyó:

—Cartílagos y lagartijas.

Miró desconcertada a Lucas. El niño se reía.

—Sí, cartílagos y lagartijas. ¿Qué pasa?

Nadia frunció el ceño. Luego se echó a reír. Lucas sabía juntar las palabras de una manera asombrosa. A veces escribía tonterías, como aquella. Otras, le veía garabatear con los ojos cerrados y luego los dos se reían porque las palabras caían por el cuaderno como por un terraplén y se agrandaban sus letras y después se partían.

—Caen de culo —gritaba Lucas.

Y los dos se tiraban al suelo, mientras se reían.

Un día escribió: «Quiero un tejado verde. Y una chimenea y un gato».

—¿Un tejado verde? —preguntó Nadia sorprendida.

Lucas le miró muy serio:

—Es el color preferido de mi madre.

Era la primera vez que hablaba de su madre. Nadia quiso preguntarle más. Pero no supo.

Lucas no hablaba, miraba hacia lo lejos. Volvió a la libreta y siguió escribiendo.

Dejó el cuaderno y se levantó. Nadia se tumbó en el suelo. Desde ahí veía las piernas de Lucas como las de un gigante.

El tío Nicolae apareció por el camino.

—¿Qué hacéis?

—Lucas escribe unas cosas muy raras —dijo Nadia.

El hombre cogió el cuaderno y leyó. Miró a Lucas, luego a Nadia y sonrió.

—Lucas es un poeta —anunció.

8

LUCAS Y NADIA SE VAN DE FERIA

En el país de Lucas y Nadia había una feria. Tenía un tiovivo y manzanas de caramelo y un pulpo gigante que giraba sin parar. También había otras cosas y un hombre de bigote que les regalaba los viajes.

Lucas colocó los dos taburetes alrededor del palo del membrillero. Sobre el polvo de la explanada, solo había aquel árbol, algunas matas, los taburetes y los dos niños.

Los taburetes tenían unos asientos redondos que giraban sin parar. Lucas los había encontrado en un contenedor, a las afueras del pueblo. Los niños se subieron a los taburetes y dieron vueltas sobre ellos. A Nadia la coleta le azotaba la nariz. A Lucas se le caían los tirantes. Los dos reían sin parar.

—¡Ahora quiero una manzana de caramelo! —gritó Nadia.

Lucas frenó en seco.

—Espera —dijo—. Ahora vuelvo.

El niño echó a correr a través del campo. La polvareda borró el horizonte. Nadia lo vio alejarse. Después siguió girando.

El mundo daba vueltas. La franja azul del mar la rodeaba como si se tratara de una cuerda y giraba, giraba. De pronto, Lucas frente a ella. Después no, después Lucas otra vez. El niño paró el taburete y Nadia casi se cae. Se agarró a él. El suelo todavía daba vueltas.

—¡Toma!

Lucas le ofrecía una manzana.

—¿De dónde la has sacado?

—¡Ah!

No le dijo que aquella era su cena. Se agachó y recogió un palo del suelo. Lo hincó en la manzana y se lo ofreció a Nadia.

—Su manzana de caramelo, señorita —dijo levantado los pies como si así fuera a volar o a ser más alto.

Se sentaron bajo el árbol a comer la manzana. Una mosca revoloteó entre ellos y Lucas la cogió.

—¿Quieres un globo? —preguntó.

—¡Claro!

—El precio es un pelo.

—¡Qué barato!

Nadia, entonces, se arrancó un pelo y se lo ofreció.

—¡Anda, ayúdame!

Lucas sujetó el pelo y ella agarró la mosca por las alas. Permanecieron en silencio mientras Lucas le ataba el pelo a la cabeza.

Nadia sujetó el cordel y soltó la mosca que comenzó a volar dando círculos amarrada al pelo.

El sol hacía brillar sus pieles oscurecidas. El ruido serpenteante de un coche les llegó desde lejos. Lucas tembló.

—Eso es el mar —dijo Nadia.

—Sí.

—Tenemos que escribirlo en la libreta.

—¿El qué?

—Que un día iremos al mar.

—Sí —dijo Lucas—. O más lejos.

Y los dos se alejaron caminando con la mosca, como dos niños llevando un globo en un día de feria.

En la puerta de casa de Nadia, Azucena y Dan se bajaron del coche.

Azucena y Dan se bajaron del coche, habían vuelto. ¿Cuánto tiempo estuvieron fuera? No lo sé, pero recuerdo esos días como un tiempo ancho y largo y libre.

Sin embargo, Dan y Azucena volvieron.

Siempre me ha gustado llamar Azucena a mi madre. Tal vez así la alejaba de mí. Me hacía sentir mayor y ajena a los sufrimientos que la herían. A ella no le gustaba que la llamara Azucena. Quizás ese fuera simplemente el motivo.

Azucena se ha ido apagando y ahora es apenas una sombra encogida de frágiles huesos. Tiene muy mal humor, pero cuando le cuento un cuento ella calla y posa los ojos en el vacío de la ventana. Tal vez le duela escuchar de la voz de su hija los cuentos que nunca le contó. Tal vez simplemente viaje hacia sus recuerdos. Tal vez piense en su hermano Nicolae, del que heredé esta pasión por contar, o vea los ojos azules y huidos de Dan. Las gemelas a veces se quedan a escuchar, pero siempre andan con la prisa de las adolescentes y aquel huir de las cosas tristes: «Un beso mamá, nos vemos luego». Y se van con sus medias risas y sus coletas, tan diferentes a la adolescente que yo fui. A veces les hablo del tío Nicolae. Ellas eran muy pequeñas cuando el tren le atropelló y no recuerdan de él sino mis propios recuerdos. Por fortuna, ninguna de ellas sabe nada del hombre de alas sucias que fue su padre. Cuando Azucena y yo nos fuimos de Záfira ellas ya bullían en la barriga de mi madre, aunque todavía no lo supiera.

Pero estábamos en Záfira y Azucena y Dan volvieron y yo sabía que mis viajes en la libreta con Lucas llegarían a su fin. El tío Nicolae me había dicho que en cuanto ellos llegaran, él debía irse. Tenía sus asuntos. Yo pensé en la mujer que le esperaba y que estaría al borde de la muerte, pensé en su encuentro que la salvaría de aquella terrible soledad y, sin embargo, me entristecí. Sin el gigante yo tendría que ayudar a mi madre, salir a vender sandías o recorrer las casas con la entrega de las prendas arregladas. Tendría que preparar el baño de Dan y recoger alcaparras y ponerlas en vinagre, tendría que colgar los pimientos y los tomates al sol y remover el dulce de membrillo, hornearlo...

Tendría que prescindir de los cuentos del gigante, de sus brazos.

Por eso antes de que se fuera el tío Nicolae, Lucas y yo nos decidimos a cumplir un sueño. Podíamos hacerlo, lo ponía la libreta.

De todas maneras, cuando vi a Azucena y a Dan no pude evitar alegrarme.

9

LUCAS Y NADIA CUIDAN DEL ÁRBOL MÁGICO

Nadia vio a Azucena y a Dan y se alegró. Azucena se adelantó y abrazó a la niña.

—¿Cómo estás? —preguntó.

Después señaló a Dan que miraba con sus ojos azules, imbatibles, como si aún no hubiera regresado.

—Él ya está bien. Pero tenemos que cuidarle entre todos.

Nadia asintió.

Dan, de pronto, sonrió. Fue hacia ella. Nadia sintió una punzada de alegría y pensó que tal vez el hospital había cambiado algo entre ellos. A lo mejor ahora podía entrar en el espacio mágico de su hermano como lo había hecho el tío Nicolae, aquel espacio en el que solo vivían Dan y Azucena, del que siempre ella había sido expulsada. Lo deseó con todas sus fuerzas.

El niño corrió hacia Nadia y ella volvió a sonreír. Dan la adelantó y se lanzó al sofá. Era un sofá desconchado, de tacto frío y feo, pero Dan solía resbalar por él como si fuera una tromba de agua. Un despeñadero. En un lateral tenía una brecha llena de pelusa que dejaba ver su viejo esqueleto. Nadia colgó los ojos de aquella brecha y se quedó en silencio mucho rato mirando la pelusa. Era fea. Ni siquiera vio la figura enorme del tío Nicolae empujando la carreta que entraba por el patio.

—¡Qué alegría! —tronó su voz al ver a Azucena y a Dan—. ¡Ya habéis vuelto!

Dan lo miró desde el sofá, se rio y fue a colgarse de los brazos del gigante. El tío Nicolae lo levantó por los aires. Nadia vio aquello sin verlo, fijo los ojos aún en el agujero del sofá. Recordó cuando el tío Nicolae la había levantado a ella el día que llegó. Estaban en el patio. El sol la envolvía con sus anillos. Vio el mar a lo lejos, por encima de las sábanas blancas, y el viento era un soplido que le hacía entrecerrar los ojos.

Deseó entonces con mucha fuerza ver el mar. Dan ni siquiera la había saludado.

—Pues ahora que habéis llegado, ya puedo prepararlo todo —dijo el gigante—. Me esperan.

Nadia miró a Azucena. Canturreaba deshaciendo la maleta. De vez en cuando echaba un vistazo a Dan y sonreía. El gigante hablaba de su viaje.

La niña sintió que se le rompía algo muy dentro.

Salió de la casa y echó a correr. Cuando llegó al membrillero se detuvo. Miró alrededor. Nada, solo polvo y algunas matas. Lucas no estaba. Desenterró la libreta y se sentó. Sus ojos se prendieron de la franja de mar.

Esperó, pero Lucas no llegaba. El que sí vino fue el tío Nicolae.

—Ya sabes que me voy. Mañana o pasado mañana.

Traía algo en su mano. El gigante se lo tendió. Nadia vio el diminuto tronco retorcido ascendiendo por las manos del gigante, enredando el minúsculo verde de las hojas.

—Te he traído esto.

—¡Tu árbol mágico!

El gigante le guiñó un ojo y la niña tomó el bonsái entre las manos.

—¡Cuídalo! —dijo—. ¡Ya sabes que es un gran tesoro! Cuando vuelva, quiero verlo a tu lado.

—¡Claro!

El gigante se levantó y Nadia lo vio tan grande que pensó que su cabeza se iba a perder entre las nubes.

—No le hagas caso a Dan. Él se alegra de verte, pero no sabe expresarlo. Al menos, como tú esperas.

Hizo un silencio. Señaló al bonsái.

—Ah, y dile a Lucas que te ayude a cuidarlo. ¡Sois un buen equipo!

El tío Nicolae ladeó la boca y levantó las cejas. A Nadia aquel gesto le hizo reír. También, la caricia de las hojas diminutas en los dedos.

—¿Y sabes cómo se cuida un cacharro de estos?

—Esto no es un cacharro —protestó Nadia.

—Bueno, el ponsái o lo que sea.

—¡El bonsái!

—El bonsái. ¿Cómo se cuida?

Nadia se encogió de hombros. Tomó la libreta y escribió: «Cuidar el bonsái mágico del tío Nicolae».

—Cuando se abra en primavera tendrá las hojas rojas como el árbol de Itsindi y Sialuk.

Lucas asintió.

—Este árbol es muy sensible —dijo Nadia—. Por eso es mágico. Hay que hablarle.

—Entonces para cuidarlo tenemos que contarle cosas. Cuentos y así.

—Y regarlo.

—Y regarlo también.

Lucas, entonces, le quitó la libreta y apuntó: «Cuentos de agua».

Nadia se apoyó en el tronco del membrillero silvestre.

—¿No tenemos que echarle abono?

Los dos niños miraron muy serios al bonsái. Sus pequeñas ramas parecían las garras de algún diminuto ser.

—Claro. Y abono. Eso es fácil, solo hay que coger los membrillos podridos y ponerlos en la tierra.

—O los higos chumbos.

—Eso, apunta.

Ahora era Nadia la que tomaba nota: «Abono».

—Pues ya está. Yo traigo una regadera y tú recoges higos chumbos y membrillos. Al atardecer lo regamos y le contamos cosas.

—Cuentos y eso.

—Eso.

Se oyó un grito a lo lejos llamando a Nadia. La niña se levantó y miró hacia su casa. En el jardín estaba Azucena con Dan revoloteando a sus espaldas.

—¡Mañana se va el tío Nicolae! —dijo.

Sintió su pecho como una máquina triste golpeando el desierto que la rodeaba.

—Ya no tendré tanto tiempo. Ya no podré venir al membrillero.

—Naaaadiaa.

—Me tengo que ir.

Lucas sonrió tristemente. Ya tenía los dientes de arriba nuevos. Eran grandes y blancos y le daban firmeza a su sonrisa. Guiñó sus ojos verdes.

—Chau —dijo.

Y su mano se agitó en el aire, como si el mismo tronco se estuviera despidiendo de Nadia.

10

Lucas y Nadia cumplen un sueño

Nadia estaba de pie en mitad del desván. La luz entraba a chorros por la ventana, se estrellaba en la pintura roja de la pared. El colchón, desnudo en mitad de la habitación, era una barca solitaria, a la deriva. Ya apenas había sandías colgadas de los rieles. En el suelo, la maleta del tío Nicolae.

El gigante se agachó frente a la niña. La hundió en sus brazos. Olía a cuero. A maleta. Su barba le raspó la mejilla. El tío Nicolae puso sus manos en los hombros de la niña y se separó para contemplarla.

—Prométeme que cuidarás de Azucena. Y de Dan.

La niña asintió.

El gigante no se movía. Una ballena varada en mitad del desván.

—Prométeme que volverás.

—¡Claro!

Nadia no quería hacerlo, pero lloró. Vio la figura del gigante borrosa a causa de las lágrimas.

—Si hasta esta noche no me voy —le dijo el tío Nicolae.

Pero Nadia sabía que ya no le iba a ver más.

La escuálida sombra del membrillero la protegía del sol. Todo parecía incendiarse bajo sus pies. Nadia vio la frágil figura de

Lucas acercarse emborronada por el calor. Por fin.

Lucas se sentó a su lado, los ojos verdes huían, el cuerpo le temblaba, la mano le temblaba. La ocultó bajo sus muslos. Nadia supo que debajo de sus ropas la piel de Lucas se rompía, se ennegrecía, a causa de aquellos golpes de los que nunca hablaba. Pero ahora todo iba a cambiar. Había llegado el momento. Al moverse, la libreta le cayó de las rodillas. Dijo:

—¡Vámonos al mar!

La sombra del membrillero ocultó uno de los ojos de Lucas. El otro parecía hierba húmeda. Húmeda y triste. O lejana.

—¿Al mar?

Parecía hablar como si no la entendiese, como si estuviera a kilómetros de ella.

—Podemos hacerlo. Lo pone aquí. —Nadia señaló la libreta—. «Lucas y Nadia conocen el mar».

Lucas miró hacia el horizonte, aún ausente.

—Sí, vayamos al mar —insistió la niña—. Es hora de cambiar las cosas. ¿Qué necesitamos? El mar está allí, mira. Solo hay que caminar.

Lucas sacudió la cabeza como si despertara, hizo un gesto de dolor y, de pronto, todo en él cambió. Sonrió.

—¡Al mar! Sí, vamos al mar.

Se levantó de un golpe y dio un grito de euforia. Nadia también se levantó, también gritó.

Después juntaron sus manos y ya no se soltaron. Siguieron enlazadas mientras caminaban en dirección a sus sueños.

De vez en cuando una pelusa gigante rodaba delante de ellos. Caminaban y sus sombras se hacían chiquitas bajo sus pies. Caminaban y sus sombras eran más grandes y al final de la tarde se alargaban y la brisa

les alivió el sudor de sus pieles. Estaban llenos de polvo del camino que se les pegaba al cuerpo. Los ojos siempre fijos en la hilera de mar, cada vez más cerca, pero aún lejos, extendida, como una mariposa azul que fuera a alzar su vuelo en cualquier momento.

Lucas y Nadia a medida que caminaban se fueron sintiendo libres. Y poderosos. Estaban cumpliendo un sueño. Sus manos apretadas se daban fuerza. A veces resbalaban por el sudor, pero las trenzaban firmes. Y caminaban.

Poderosos.

Al anochecer alcanzaron el mar.

Primero les llegó su olor a algas y a sal y a pescado. Luego lo vieron, inmenso, postrado en la orilla, vivo, jadeante.

Poderoso como ellos.

Cuando pusieron los pies en la arena, se soltaron las manos y echaron a correr hacia el mar.

¿Cuánto habíamos caminado aquel día? Tal vez ocho horas, nueve. De la mano, con nuestro sueño al frente: la franja de mar.

Recuerdo la sensación fría del agua cuando metí los pies. Su sonido. La nieve era silenciosa y el mar era ruidoso, alborotador. Me fascinó la espuma que hacía cuando chocaba contra la arena.

Lucas y yo nos miramos. El agua nos bañaba los tobillos. Sin saber por qué nos reímos, como dos tontos, como dos héroes que habían alcanzado su destino. Nunca volví a sentir una emoción semejante.

Lucas reía y temblaba. Entonces empezó a caminar.

Caminó y caminó adentrándose en el mar.

Solo recuerdo que yo le veía, veía cómo su cuerpo se iba alejando y se hundía poco a poco en el mar. Cómo avanzaba, sí, hasta casi desaparecer.

Recuerdo también la luna, era pequeña y desmembrada, su luz apenas se balanceaba en el agua y sacaba esos brillos parecidos a la purpurina en cada ola.

Recuerdo a Lucas, sí, hundiéndose.

Y la ráfaga anaranjada de una sirena a mis espaldas.

11

Lucas y Nadia vuelven a casa

Nadia miraba la figura de Lucas adentrándose en el mar. El frío de la noche le erizaba la piel. También lo que sus ojos veían, porque el huesudo y largo cuerpo de Lucas iba desapareciendo poco a poco, como si la mar lo estuviera engullendo.

Nadia quiso gritar pero la voz le moría en la garganta. Sabía que el muchacho no se echaría atrás, que seguiría hasta el final, aunque no supiese nadar. Tal vez por ello.

El ruido de la sirena no lo oyó, pero sí vio su luz anaranjada, de faro, bañando la noche. Alguien se bajó de un coche y Nadia oyó los ruidos a su espalda sin poder apartar la vista del mar.

En la penumbra de la noche, solo la cabeza de Lucas parecía flotar en las aguas. Después la cabeza también se hundió.

Nadia sintió el golpe de los pasos a su lado. No se giró, solo fue capaz de levantar la mano y señalar aquella leve fosforescencia que el mar había dejado donde antes asomaba la cabeza de Lucas.

Sintió la salpicadura del agua y al hombre correr. Era un gigante, un cuerpo grande que corría mar adentro. Daba brazadas feroces. Desaparecía bajo el agua.

Por un instante solo el mar. Y Nadia a sus pies, inmóvil, asustada.

Entonces volvió a aparecer. Con la fuerza de un dragón, el gigante surgió de entre las aguas. Salía del mar levantando espuma y el agua le caía a chorros de sus mechones, corría por la ropa. Caminaba hacia Nadia con decisión.

Era el gigante Nicolae y en sus brazos traía el cuerpo de Lucas.

Nadia trató de ver en la oscuridad. ¿De verdad era Lucas?

El niño miraba hacia ella, pero sus ojos no eran los de siempre. Todo él parecía distinto, más intenso, menos frágil. Había una fuerza repentina en su mirada, en su cuerpo. La serpiente de mar chorreaba por sus ropas, su pecho subía y bajaba. Era Lucas, sí, pero un Lucas nuevo, tal vez más firme, pero también más ausente, con una mirada inconmovible y hacia dentro, como si parte del antiguo Lucas hubiera quedado hundido en las aguas.

Eso vio Nadia, eso comprendió, en la orilla, temblando, con el tío Nicolás trayéndole a Lucas.

Cuando llegaron a su altura, el chico sonrió.

Nadia supo que había perdido al Lucas que conocía.

El tío Nicolae siempre salvándonos, protegiéndonos. Nos dijo que no se había ido, alertado por Azucena. Yo había desaparecido y estuvieron horas buscándome. Fue el tío Nicolae el que encontró la libreta bajo el membrillero y lo entendió. Habíamos ido al mar. Lucas y yo. Tardó en convencer a la policía, pero lo hizo. Ellos le trajeron. Cuando saltó del coche mi figura se cortaba entre las sombras a los pies del mar y un poco más alejado el desvalido cuerpo de Lucas caminaba hacia lo hondo, desaparecía. Lo demás fue muy rápido, una centella en la noche, un escalofrío. Saltar al agua y bucear, arrancar a Lucas de su fondo. Rescatarle.

Y allí estaba el tío Nicolae con el nuevo Lucas que surgió de las aguas. Recuerdo sus manos mojadas y su lengua lamiendo los labios. El agua había cambiado la mirada de Lucas. No sé por qué supe que a aquel nuevo Lucas nadie le podría hacer daño y, sin embargo, también me asustó, como si con la parte frágil de Lucas que había quedado en las aguas también se hubiera hundido la parte de mi yo que le pertenecía. Suspiré y, al aspirar de nuevo, el sabor salado me llegó hasta el alma.

Volvimos en el coche de policía y así acabó nuestra aventura. Pero habíamos cumplido un sueño. Recuerdo el perfil de Lucas, bajo la intermitencia anaranjada de la sirena, contra la ventanilla del coche. En una curva giró la cabeza y me miró. Los dos sonreímos, a pesar de todo.

El precio de nuestra aventura estaba claro, era inevitable. Azucena me prohibiría volver a ver a Lucas. Y así ocurrió.

Me levanto a dar un paseo. Vuelvo al libro que compré esta mañana. Me siento tentada a abrirlo, pero aún no. No. Debo seguir con la historia. Tal vez lo que lea me lleve a la desilusión y crea que aquellos días, aquella intensa alianza que hubo entre nosotros no fue realmente lo mejor que me pasó en mi vida.

Me siento. Recojo la cabeza entre las manos y me echo a reír.

Tengo miedo a lo que pueda encontrar dentro del libro y recuerdo nuestra libreta enterrada bajo la sombra del membrillero.

Releo lo escrito y pienso que todo fue cierto. Incluso el árbol mágico del tío Nicolae.

12

LUCAS Y NADIA VEN LAS HOJAS ROJAS

Nadia estaba subida a una silla. Tendía entre las sábanas los pimientos rojos. El sol le daba de frente, se colaba por la pulpa del pimiento y lo hacía fosforecer. También los ojos se le guiñaban de sueño. Se levantaba muy temprano para ayudar a su madre en las tareas antes de ir al colegio. Entre sus párpados la luz bailó y se hizo azul. Recordó sin querer el mar y levantó los ojos hasta aquel pedazo que se veía en el horizonte. De pronto, le pareció que su aventura en el mar había quedado muy lejos, que Lucas quedaba muy lejos, que el polvo de la tierra lo había sepultado todo. Y en verdad estaba muy lejos. Un mes era una eternidad.

Vio a su madre alejarse con Dan. Llevaba a la espalda la cesta de costura. Se giró y le dijo adiós con la mano. Nadia les miraba por encima del tendal, sacudió también su mano y se bajó de la silla. Las figuras se desvanecieron sobre las sábanas blancas puestas al sol.

Nadia subió al desván. Allí estaba el pequeño bonsái, retorcido, casi seco. Al verlo sintió aquella tristeza que le apretaba el estómago hasta dejarla casi sin aliento en los últimos días. Desde que el tío Nicolae se había ido, Nadia dormía en el desván. Así se lo había pedido a su madre y ella había aceptado. Era una forma de estar con el tío, de resistir ante el gran vacío que dejaba. A Lucas tampoco lo había vuelto a ver y con aquellas dos ausencias Nadia sentía que le habían robado el aire, las bocanadas de aire fresco que le permitían seguir respirando.

Volvió a mirar el bonsái con impotencia. Estaba secándose y aquello le dolía terriblemente, como si fuera una señal, como si la secura del árbol le gritara que ya no había esperanza.

Miró por la ventana y vio cómo Azucena y Dan desaparecían por el camino dejando aquella niebla de polvo a sus espalda. Sin pensarlo echó a correr escaleras abajo, atravesó el jardín y no dejó de correr hasta toparse de bruces con el membrillero silvestre. Tuvo que esperar a que su pecho se calmara. Después escarbó y escarbó a los pies del árbol, casi con furia. ¿Dónde estaba la libreta? No había ni rastro de ella, como si todo lo allí escrito nunca hubiera existido. Sus uñas llenas de la tierra de Záfira le ardían. Pero entonces vio aquel destello pálido. Allí, entre la tierra, semienterrado. Era el bolígrafo que habían usado para escribir en la libreta. Nadia lo cogió y se echó a reír. Un tesoro. Se acordó de la nota con la compra que llevaba en el mandil. La sacó nerviosa y garabateó sobre el reverso hasta que la tinta del bolígrafo salió azul, como un río de esperanza.

Y escribió.

Después dejó la nota a los pies del árbol, sujeta con un puñado de tierra.

Cuando alcanzó de nuevo el patio de su casa, echó atrás la mirada. La figura desgarbada del membrillero pareció sonreírle a lo lejos. A sus pies la nota escrita por Nadia se llenaba de sombra.

Decía: «El bonsái se está secando».

Nadia miraba las sombras de las sandías en el techo. Por la ventana, la noche se colaba con sus hilos de luna. También una tenue brisa.

Dentro de unas horas, en la madrugada, tendría que levantarse de nuevo para el trabajo. La sombra del bonsái en la ventana le arañaba el pecho. Cerró los ojos y se hizo un ovillo en la cama. Un rasgueo pequeño llenó la noche. No pertenecía a los ruidos de la casa. Imaginaciones. Pero volvió a oírlo. Más alto, como un siseo. Nadia se incorporó.

—Pss. Pss.

Miró hacia donde venía el ruido y vio una figura enredada en la higuera de la ventana. Su corazón latió con fuerza.

—¡Lucas!

Saltó de la cama y fue hacia él.

—¡Lucas! —repitió como para creérselo.

El niño se puso un dedo en los labios y sonrió. Luego le señaló el bonsái.

—Habrá que curarlo.

La niña se enjugó los ojos y sonrió. El rostro de Lucas brilló un instante en la noche bañada por un chorro de luna. Nadia pensó que era una aparición y que si cerraba los ojos no volvería a verlo. Pero Lucas seguía allí. Las líneas difuminadas por la sombra no conseguían desvanecer la rotunda realidad de aquel muchacho asomado a la ventana, colgando del ramaje de la higuera.

—¿Viste mi mensaje?

—Sí.

—Sabía que vendrías.

Pero no era verdad. Desde que lo vio salir del mar en brazos del tío Nicolae había tenido la certeza de que Lucas ya no era el mismo, de que ya no había marcha atrás y nunca lo volvería a ver a pesar de todo. Por eso sentía que aquel encuentro era un milagro. Un verdadero milagro que el membrillero había hecho realidad.

El silencio hinchó los ruidos de la noche. El niño enseñó la libreta.

—Bueno —dijo carraspeando—, me he pasado la tarde escribiendo.

—¡La libreta! ¿Dónde estaba? ¿Qué has escrito?

Lucas sonrió.

—Ahora verás. Tienes que callarte y escuchar. Para curarlo.

—¿Cómo?

—Con esto. —El niño agitó la libreta en el aire—. Es el cuento del tío Nicolae. Lo he escrito.

Nadia se sentó en el alfeizar de la ventana y colocó el bonsái a su lado. Lucas comenzó a leer. Leyó y leyó. Su voz susurraba en la sombra y a Nadia le pareció que sus venas pulsaban al ritmo de Lucas,

al ritmo de las palabras que florecían en sus labios e hinchaban la noche con su perfume.

Los dos miraron al bonsái. No supieron si era la oscuridad, pero les pareció que de él brotaban hojas diminutas y rojas.

Muy rojas.

Como sus corazones.

Recuerdo aquel rojo, el de las hojas, oscurecido por la noche, como guindas cristalinas salidas de la corteza. Ese rojo que vi también años después, tras la muerte del tío Nicolae, en el árbol de la posada, donde me escapé buscando no sé qué cosas, buscándome tal vez.

Creo que nunca existieron esas hojas rojas, creo que era la magia de los cuentos, de la noche, nuestro deseo de que existieran hojas rojas. Creo que el árbol nunca tuvo hojas rojas y creo también que no importa. Porque ahora sé que la magia existe.

La magia de las palabras.

Vuelvo al libro que compré y acaricio su portada donde unas hojas rojas se rotulan por detrás del título. Mis dedos las perfilan y cierro los ojos. Tengo la vista cansada. Tal vez me vendría bien un descanso, pero la historia —mi historia— late entre mis dedos, como late el deseo febril de abrir el libro y adentrarme en sus otras hojas, las blancas, las llenas de hileras de palabras.

Me levanto y me pongo un café. Bebo su líquido amargo mientras siento el calor que corre entre mis manos. Dejo la taza en la mesa y me sacudo este frío que me entra, esta tristeza porque ahora viene el final de esta historia.

Escribo. Levanto un momento la cabeza y me pregunto si realmente es un final.

13

Lucas y Nadia se abrazan como la noche

Nadia iba al colegio, ayudaba a su madre, corría con ella y con Dan de casa en casa. A veces desde la ventana del desván veía la silueta del membrillero huesudo y silvestre, con la copa ramosa, como esparciéndose hacia el cielo. Pensaba en Lucas, en sus sueños. Pensaba con fuerza para que volviera a aparecer otra noche por las ramas de la higuera. Pero no había vuelto. El verano pasó con su incendio por

Záfira y llegó el viento loco de otoño y el invierno sin nieve y de nuevo la primavera con las flores del membrillo y las avispas y las moscas volando por la tolvanera del patio. A veces creía adivinar la figura del niño deambulando por el secano.

Su único amigo, perdido en el polvo del camino.

Al fin y al cabo, todo se iba: el tío Nicolae, Lucas... y Dan.

Porque Dan no tardaría en irse.

Todo pasó muy deprisa. Su hermano enfermó. Y un día Nadia vio los ojos azules de Dan suspendidos en el techo. No eran aquellos ojos líquidos que parecían poder romperse si mirabas en ellos. Eran ojos de hielo azul, detenidos, inmutables. Asombrosamente inmóviles. Como su pecho.

La niña le tomó de la mano. Estaba fría. Ya no podía retirarla, como siempre había hecho cuando ella le tocaba. Estuvo mucho rato con su mano prendida entre las suyas. Sintiendo su frío seco, sin pulso. Luego la soltó. El brazo de Dan se descolgó de la cama y se balanceó ligeramente.

Con la muerte de Dan todo se borraba. Azucena lloraba, los vecinos lloraban. Los que antes le habían llamado tonto lloraban. Todos lloraban. Nadia también, pero nadie miraba para ella.

Por eso pudo escabullirse y volver bajo la sombra del membrillero.

Se sentó en sus rodillas y se tapó la cara con las manos. Después dejó que el mundo se le escapara por los ojos.

Sobre ella cayó una sombra que le hizo descubrirse el rostro. Tenía los ojos hinchados. Y rojos. La sal de las lágrimas pegada a las mejillas.

Era Lucas.

La niña había pensado muchas veces en aquel encuentro. Saltaría a sus brazos, le besaría, sentiría el soplo de Lucas como una felicidad de feria, aquella que sintieron el día que jugaban sobre los taburetes en el descampado o aquella otra cuando el mar les bañaba los pies. Sin embargo, lo miró como a un extraño. Sintió que temblaba su figura por detrás de las lágrimas.

—Lo sé —dijo Lucas—. Sé lo de tu hermano.

Se agachó y sus rostros quedaron a la misma altura.

—Sabía que te encontraría aquí —añadió.

Un mechón resbaló por la frente de Nadia. Lucas lo apartó, se lo enroscó en la oreja. Después, no sabían cómo, se encontraron abrazados.

Un abrazo largo e intenso, como la noche.

No dijeron nada. No pronunciaron una sola palabra, perdidos en aquella hondura. Después la niña salió de sus brazos y caminó en dirección a su casa. A medio camino se giró. Esa fue la última vez que Nadia vio a Lucas. Estaba de pie junto al árbol. Su cabeza ya chocaba contra las ramas y levantaba ligeramente una mano. Ella también levantó la suya.

A los pocos días hicieron las maletas. Azucena y Nadia salieron de Záfira en dirección a la gran ciudad. Solas, con una bolsa grande y un bonsái, rodeadas del humo de los autocares, el asfalto hirviendo, el olor a gasolina y aquella sensación de mareo que aguaba la boca. De nada sirvieron los llantos de Nadia, los pataleos. Azucena lo había decidido. En la ciudad había oportunidades para todos y Záfira era, al fin y al cabo, Dan. Ya nada les ataba a aquella tierra. Y Nadia sintió de nuevo que ella no contaba. Ella sí tenía a alguien en aquella tierra, tenía a su único amigo, Lucas. Al menos la esperanza de Lucas y pensaba que no podría vivir sin ella.

—¿Y qué pasa con el tío Nicolae? —gritó—. Cuando venga no nos va encontrar.

Pero su madre seguía a la carrera, los pasos apretados, hincando su rumor sobre la calzada derretida casi bajo aquel sol inhumano. El gentío les azotaba los hombros, les hacía balancearse. Sobrevolando el desorden, el ruido de los autocares y su olor a tubo de escape.

—¡No digas chiquilladas!

La mano de Azucena arrastraba la suya, apretada y sudorosa. El peso de la bolsa le partía el hombro, y sentía ese escozor de los ojos, el camino ardiente de las lágrimas... Eso sentía, la quemazón de las lágrimas rodando por las mejillas cuando subió el escalón del autobús, aquel paso que la alejaba de todo lo que conocía hasta ahora y que se borraba bajo su llanto.

Cuando Nadia apoyó la cabeza en la ventanilla del autobús, sintió los huesos como las rejas de una cárcel porque habría querido volar. Huir.

Estar bajo la sombra del membrillero. Sentir el mar en sus pies.

Se imaginó su casa cerrada. El cartel de la valla y la escurrida figura de Lucas frente a ella.

«Se vende».

Nunca más volvieron a verse.

Y eso es todo.

Nuestra pequeña gran historia. La de Lucas y mía. La historia que siempre me dio fuerza para creer en los hombres, a pesar de todo.

Y ahora casi veinte años después encuentro el libro. Y no solo creo en los hombres. Creo en la vida. En la magia.

Creo sobre todo en las palabras.

Tomo el libro y vuelvo a leer su título: «Aukaneck». Más abajo dice: «Premio de poesía Ciudad del Bosque». Y su nombre: «Lucas».

De nuevo caen sobre mí las tardes bajo el membrillero y sus ojos verdes, de hoja, nuestras manos pegadas de sandía o aquel abrazo hondo como la vida.

Abro sus páginas. Tiemblo. Hay una dedicatoria: «A Nadia».

Entonces vuelvo a sentir arder mis ojos y lloro hasta que se me nublan las palabras. En realidad, me río. Y lloro. Ambas cosas.

También me pregunto cómo será el Lucas de hoy, ¿el frágil y divertido de los días en que viajábamos a nuestro país o aquel otro más decidido y a la vez ausente, más frío tal vez, que salió del mar?

Antes de seguir leyendo, me limpio los ojos con la manga de la camisa y tomo la decisión. Vuelvo al ordenador. Me conecto a Internet y compro un billete de autobús hacia Záfira. Llamo al trabajo, me disculpo.

Mañana mismo vuelvo a la tierra de mi infancia, esa a la que no regresé nunca si no es con la ilusión de la memoria.

Será una tontería, pero iré al membrillero silvestre y esperaré bajo su sombra. ¡Quién sabe si después de tantos años...!

Paso la página del libro.

Leo.

Madrid, febrero 2010

Índice

El anillo fulgurante

Jesús Ballaz

ALA DELTA, SERIE VERDE N.º 78. 156 págs.

La pasión de Waldi, un rico comerciante viudo, es cuidar de su maravilloso jardín en el que crecen exóticas plantas traídas de todo el mundo. Los árboles más apreciados son tres mágicos perales nacidos de semillas del jardín del Edén. Pero el anciano vive apenado porque le roban los frutos antes de que se los pueda comer. ¿Atrapará su hijo Ralik al enigmático ladrón? ¿O será vencido por él?